Inhalt

Chemie - "Made in China" wächst rasant

Kernthesen

Beitrag

Fallbeispiele

Zahlen und Fakten

Weiterführende Literatur

Impressum

GENIOS BranchenWissen Nr. 10/2005 vom 14.10.2005

Chemie - "Made in China" wächst rasant

Autor GENIOS BranchenWissen: A.Schneider

Kernthesen

- In den nächsten 10 Jahren wird China zum zweitgrößten Chemiemarkt der Welt aufsteigen.
- Basischemikalien haben einen Umsatzanteil von 70%; Nachholbedarf besteht in den kommenden Jahren bei Spezialchemikalien.
- Die hohe Nachfrage und deutliche Kostenvorteile locken westliche Chemieunternehmen in die chinesischen Chemieparks.
- Ein Joint Venture mit einem chinesischen Partnerunternehmen ist in der Regel die Voraussetzung für einen Markteintritt in China.
- Auch die deutschen Chemiekonzerne

investieren seit Jahren kräftig im Reich der Mitte.

Beitrag

An Kleidung und Spielwaren mit dem Gütesiegel "Made in China" haben wir uns inzwischen gewöhnt. Doch wird Deutschland bald auch seine einstige Vormachtstellung in der Chemie an China abtreten müssen? Die Chemie zieht auf jeden Fall schon mit Milliardeninvestitionen ins Reich der Mitte.

"Blühende Landschaften" Chemieparks in China

Die einst für den Osten Deutschlands versprochenen "blühenden Landschaften" es gibt sie wirklich, allerdings muss man dafür den Blick noch sehr viel weiter ostwärts richten: nach China. Es ist längst kein Geheimnis mehr: Während Europa und insbesondere Deutschland an Wachstumsschwäche kränkeln, geht es ab im Reich der Mitte! Auch als Nachfrager und Erzeuger chemischer Produkte gewinnt China Jahr für Jahr an weltweiter Bedeutung.

Die arbeitsintensive Textilindustrie blüht schon längst und mit ihr die Nachfrage nach synthetischen

Textilfasern und synthetischen Farbstoffen. Doch auch die kapitalintensiven Industrien sind im Kommen. Die Autoindustrie blüht und da inzwischen 13% des Gewichts eines Fahrzeugs auf Kunststoff entfallen, steigen die Umsätze der Kunststoffindustrie. Die Bauwirtschaft blüht, immer mehr Chinesen drängen in die Städte - es profitieren die Hersteller von Fensterrahmen, Dämmstoffen, Rohren, Farben und Lacken. Die Kommunikationsindustrie blüht und in Mobiltelefonen, Flachbildschirmen usw. kommt reichlich Chemie zum Einsatz! In China ist Geiz derzeit keineswegs geil! Im Gegensatz zum Deutschen ist dem Chinesen nicht nach Sparen zu Mute. Die private Konsumgüternachfrage blüht. Vor allem die Schönheit ist gefragt. Schon heute ist China der zweitgrößte Markt für Kosmetika in Asien hinter Japan. (1)

Und so verwandeln sich seit einigen Jahren vielerorts Chinas grüne Landschaften in riesige Chemieparks. Wie Pilze schießen sie aus dem Boden. Schon 2004 waren mindestens 60 Chemieparks bekannt. In ihren Dimensionen überbieten sie sich geradezu Nangton 15 km2, Jiaxing 30 km2, Ninbo 80 km2. Einige Parks entspringen zwar eher willkürlich den ehrgeizigen Dollarhoffnungen regionaler Landesfürsten und enden dann als leer stehende "Ghost Parks". Die meisten jedoch sind gut durchdacht und geplant und bieten ihren Investoren eine hervorragende moderne Infrastruktur. Die Investoren aus dem Westen haben sich in der Tat auch schon eingenistet in Chinas "blühenden Landschaften". So produziert BASF beispielsweise Basischemikalien in Nanjing, Bayer Material Science (BMS) stellt Polycarbonate in Caojing her, Lanxess baut sein Hydrazinhydrat-Werk in den USA ab und im chinesischen Weifang wieder auf und Altana produziert seit Oktober letzen Jahres seine Imprägnierharze und Vergussmassen unter anderem in Zhuhai. (2), (3)

Markteintritt über Joint Venture mit chinesischem Partner

Die westlichen Unternehmer folgen dem Werben und ziehen gen Osten. Kaum ein Großunternehmen hat sein China-Strategiepapier noch nicht aus der Schublade geholt. Auch die international tätigen Chemie-, Pharma- und Kunststoffunternehmen schauen sich intensiv nach geeigneten Standorten für ihr China-Geschäft um. Der Markteintritt erfolgt in der Regel über Direktinvestitionen, d.h. die Gründung von Tochtergesellschaften in China. Dabei sitzt immer ein chinesisches Unternehmen als Partner mit im Boot. Denn dies ist Voraussetzung, um überhaupt in China investieren zu dürfen. Und so erobern sie

Chinas Chemiemarkt Hand in Hand: BASF und Sinopec, Degussa mit Yingkou Sanzheng Fine Chemicals (YSFC) und Ciba Spezialitätenchemie mit der Liucheng Group. (4)

Neben dem steigenden Bedarf an Chemie als Grundstoff für viele Wirtschaftsgüter locken vor allem Kostenvorteile den westlichen Unternehmer nach Osten. Die durchschnittlichen Arbeitskosten der Chemieindustrie liegen in China bei einem Euro pro Stunde, in Deutschland bei 20 Euro. (5) Die Kosten für den Anlagenbau sind insgesamt vergleichsweise geringer als im Westen. Sogar die Genehmigungsverfahren für neue Betriebe sind in China kürzer als in Europa. Die Pharmaindustrie profitiert von niedrigeren Entwicklungskosten für ein Medikament. Statt 800 Millionen US\$ in USA und Europa schlagen 120 Millionen US\$ in China zu buche. Die Medikamentenentwicklung geht ebenfalls schneller: bis zur Zulassung dauert es statt 8 bis 10 Jahre wie in USA und Europa "nur" 5 bis 8 Jahre in China. (1)

Die meisten wollen zunächst vor Ort für den rasch expandierenden heimischen chinesischen Markt produzieren. So entstehen Produktionsanlagen für einfache und komplexe Produktionsprozesse. Es werden jedoch zunehmend auch Marketing und Vertrieb aufgebaut, immer häufiger auch die

Beschaffung, noch eher seltener Forschung & Entwicklung.

In den vergangenen Jahren lag der Schwerpunkt vor allem auf der Herstellung von Basischemikalien. Sie haben inzwischen einen Umsatzanteil von 70% erreicht. Dabei werden anorganische und organische Grundstoffe wie Ethylen, Propylen, Ammoniak, Benzol und Chlor produziert. Die wichtigsten Abnehmer finden sich in der Automobilwirtschaft, in der Bauwirtschaft, im Schiffbau, in der IT-Industrie sowie in der Haushalts- und Spielwarenfertigung. Einen Nachholbedarf haben die Chinesen derzeit bei Spezialchemikalien wie Beschichtungen, synthetische Farbstoffe, Klebstoffe, Aromen, Duftstoffe und auch bei pharmazeutischen Grundstoffen. Die Spezialchemikalien liegen derzeit bei einem Umsatzanteil von 30% und sollen in den kommenden Jahren auf 45% ausgebaut werden. Im Visier haben die Chinesen inzwischen auch den globalen Vitaminmarkt. (1)

Chemie "Made in China" wächst mit 10% pro Jahr

In den nächsten 10 Jahren wird China zum zweitgrößten Chemiemarkt der Welt aufsteigen.

Heute hat China einen Chemieumsatz von 137 Milliarden Euro und ist damit der viertgrößte Chemieproduzent hinter USA, Japan und Deutschland. Sein Weltmarktanteil beläuft sich auf derzeit 8%. China bietet das weltweit größte Wachstumspotenzial in der Chemie. In den kommenden 10 Jahren wird der Chemieumsatz in China jährlich mit einer Wachstumsrate von 10% pro Jahr steigen und im Jahr 2015 ein Volumen von 400 Milliarden Euro erreichen. Demgegenüber wachsen die USA und Deutschland deutlich langsamer mit 3,5 bzw. 3% pro Jahr. Die USA werden 2015 einen Chemieumsatz von 600 Milliarden Euro ausweisen und damit nach wie vor an weltweiter Nummer 1 stehen. Für Deutschland werden 200 Milliarden Euro prognostiziert.
Noch kann China seinen Bedarf an Chemieerzeugnissen nicht aus eigener Fertigung decken. Vor allem Kunststoffe und organische Produkte werden aus dem Ausland eingeführt. So ist das Land derzeit noch Nettoimporteur. 2004 importierte China chemische Erzeugnisse im Wert von 44 Milliarden Euro, das ist fast ein Drittel seines Bedarfs. (1), (6)

Die Zahl der Chemiehersteller hat sich in den Jahren 2000 bis 2003 um ein Fünftel auf 13 700 erhöht. Die größten chinesischen Chemieunternehmen sind China National Petroleum Corporation (CNPC),

China National Petrochemical Corporation (Sinopec), China National Offshore Oil Corporation (CNOOC) und China National Chemical Corporation (CNCC). Sie werden alle staatlich kontrolliert.

Der Staat mischt und verdient daher in der Chemie kräftig mit und verdient ganz gut dabei! Denn das Geschäft in China lohnt sich noch sehr. Die Margen bezogen auf das Betriebsergebnis (vor Steuern und Zinsen) liegen nach einer aktuellen Erhebung von McKinsey bei den führenden 20 Firmen in China bei 6,7% und in gleicher Abgrenzung international bei 5,7%. (6)

Risikofaktor Energiemangel

Risiken könnten in entstehenden Überkapazitäten und einer wirtschaftlichen Überhitzung liegen. Doch die chinesische Regierung hat auch hier bereits die Hand im Spiel und errichtet in letzter Zeit Markteintrittsbarrieren. Davon betroffen ist bisher vor allem der Markt für Basischemikalien und für petrochemische Produkte. Hier werden derzeit nur Großprojekte mit einem Produktionsvolumen von mindestens 800 000 Tonnen pro Jahr genehmigt. (5) Der Energiesektor kann derzeit mit der raschen wirtschaftlichen Entwicklung kaum Schritt halten. So sind Engpässe bei der Stromversorgung keine Seltenheit. Im Extremfall kann es sogar zur Produktionsstilllegung für einige Tage infolge Strommangels kommen. Doch die Chinesen arbeiten daran. Die Versorgungslücke soll bis 2007 geschlossen sein. Die Infrastruktur wurde zwar schon stark verbessert, doch wird es auch hier noch ein paar Jahre dauern, bis das Straßen- und Schienennetz so gut ausgebaut ist, dass ausreichend Transportkapazitäten zur Verfügung stehen. (1)

Auch die deutschen Chemiegrößen sind in China unterwegs

Auch die deutschen Chemieunternehmen sind ausgezogen, um sich ein Stück vom riesigen Chemiekuchen Chinas zu sichern. Die Wirtschaftsbosse lernen ein paar Brocken chinesisch, suchen ihre chinesischen Joint Venture-Partner, üben sich in Geduld im oft zähen chinesischen Verhandlungsmarathon und bauen mit Investitionen in Milliardenhöhe ihre neuen Fabriken in China.

Fallbeispiele

- **BASF**, der größte Chemiekonzern der Welt, ist bereits seit Jahren in China aktiv. Allein in den letzten vier Jahren wurden rund 2 Milliarden Euro in China investiert. Rund 4 000 Mitarbeiter arbeiten dort in neun Joint Ventures an zwölf Produktionsstätten, 20 Vertriebsbüros und einem Entwicklungszentrum. Das Unternehmen will bis 2010 zehn Prozent seines Chemie-Umsatzes in China erzielen. Ende September wurde das neue Werk in Nanjing offiziell eingeweiht. Es wurde gemeinsam mit dem chinesischen Chemiekonzern Sinopec errichtet und ist mit rund 2 Milliarden Euro die größte Einzelinvestition in der Geschichte des Unternehmens. In Nanjing werden vor allem Basischemikalien für Farben und Lacke, Textilien für die Bauindustrie oder Tierfutter hergestellt. In Caojing bei Shanghai betreibt BASF den weltgrößten PolyTHF-Produktionskomplex. PolyTHF wird bei der Produktion elastischer Textilfasern benötigt. (7), (8), (9), (10)

- Auch **Bayer** investiert in China in verschiedenen großen Projekten. Allein in den Standort Caojin sollen 1,8 Milliarden Dollar fließen. Dort entstehen beispielsweise Anlagen zur Kunststoffaufbereitung und zur Herstellung des Polyurethan-Rohstoffs MDI, der bei der Produktion von Polyurethan-Hartschaum

(Wärmedämmstoff) eingesetzt wird. (11), (3)

- Die **Degussa AG** will ihre Marktposition bei Agrochemikalien stärken und hat dazu mit der chinesischen Yingkou Sanzheng Fine Chemicals (YSFC) ein Joint Venture zur Produktion eines Zwischenprodukts für Agrochemikalien gegründet. Mit der nordchinesischen Jilin Universität arbeitet Degussa ebenfalls in einem Joint Venture zusammen. Dabei geht es um die Produktion der Hochleistungskunststoffe Polyetheretherketon (PEEK) sowie Polyethersulfon (PES). (4), (12), (13)

- Auch **Lanxess** treibt in China verschiedene Projekte voran. Insgesamt 25 Millionen Euro sollen in die Produktion von High-Tech-Kunststoffen für die Automobilindustrie, Elektrotechnik und Elektronik und von Spezial-Elastomere für die gummiverarbeitende Industrie fließen. Lanxess hat in China drei Produktions- und zwei Vertriebsstandorte mit insgesamt 540 Mitarbeitern. (14), (15)

- **Heraeus** hat ein Joint Venture mit einem chinesischen Hersteller für Gold- und Silberchemikalien. (16)

- **Akzo Nobel** übernimmt die Lacksparte der Toide Manufacturing Co. in Guangzhou, weil es die Nr. 1 der Lackunternehmen in China werden will. (17)

- Raffinierte Perlmutteffekte sind derzeit sehr gefragt. Die **Ciba Spezialitätenchemie** hat daher ein Joint Venture mit Chinas führendem Hersteller von Perlglanzpigmenten für Lacke, Kunststoffe, Druckfarben, Kosmetika und Papier gegründet. - **Altana** besitzt bereits fünf Produktionsgesellschaften in China. (8)

- Das deutsch-niederländische Biotechunternehmen **Qiagen** will die chinesische Shenzhen PG Biotech übernehmen. Der Hersteller von Analysezubehör für Gen- und Proteinforschung stärkt damit seine Marktposition bei diagnostischen Tests. (18)

Zahlen & Fakten

Weltchemieumsatz 2004

Anteile in Prozent

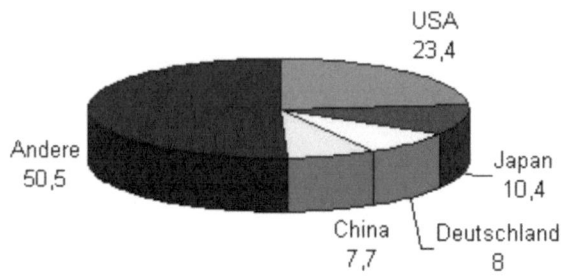

Quelle: VCI, Deutsche Bank Research

Entnommen aus: Deutsche Bank Research, www.dbresearch.de (1)

Basischemikalien dominieren in China

	Umsatzanteile 2004 in Prozent
Basischemikalien - Organische und anorganische Grundstoffe	13,9
Agrochemikalien	3,8
Polymere	47,6
Farben und Lacke	3,5
Pharmazeutika	23,2
Wasch- und Körperpflegemittel	1,1
Sonstige Chemikalien	6,9

Quelle: Global Insight, VCI

Entnommen aus: Deutsche Bank Research, www.dbresearch.de (1)

Weiterführende Literatur

(1) Perlitz, Uwe, Chemieindustrie in China: international auf der Überholspur, Deutsche Bank Research, www.dbresearch.de, China Special, Aktuelle Themen 333, 5. September 2005
aus Hamburger Abendblatt, 29.07.2005, Nr. 175, S. 16

(2) O.V., China: Wann kommt die Welle auf uns zu?, PROCESS 12-2004, www.process.de
aus Hamburger Abendblatt, 29.07.2005, Nr. 175, S. 16

(3) Bayer gibt in China Gas Material Science erhöht MDI-Kapazität - 3,1 Mrd. Dollar Investitionen in Caojing
aus Börsen-Zeitung, 01.07.2005, Nummer 124, Seite 10

(4) Degussa baut in China weiter aus
aus Börsen-Zeitung, 21.07.2005, Nummer 138, Seite 14

(5) China ist auch für die Chemieindustrie ein Garten Eden
aus Frankfurter Allgemeine Zeitung, 28.09.2005, Nr. 226, S. 17

(6) "In China kommt man an der Chemie nicht mehr

vorbei" Ausländische Konzerne mit der Produktion vor Ort noch unterrepräsentiert - Hohe Profitabilität - McKinsey-Studie
aus Börsen-Zeitung, 20.08.2005, Nummer 160, Seite 11

(7) BASF und Bayer klotzen in Asien
Milliardeninvestitionen in neue Anlagen in China - Fokus auf Kunststoffen und Chemikalien - Ludwigshafener wollen Anteil lokaler Produktion deutlich erhöhen
aus Börsen-Zeitung, 20.08.2005, Nummer 160, Seite 11

(8) Renaissance der Chemie
aus Frankfurter Allgemeine Zeitung, 03.08.2005, Nr. 178, S. 9

(9) In China stimmt die Chemie McKinsey: Nachholbedarf bei ausländischen Firmen
aus Börsen-Zeitung, 20.08.2005, Nummer 160, Seite 1

(10) Die BASF investiert Milliarden in Asien
aus Frankfurter Allgemeine Zeitung, 28.09.2005, Nr. 226, S. 17

(11) Bayer investiert kräftig in China
aus Frankfurter Allgemeine Zeitung, 01.07.2005, Nr. 150, S. 14

(12) Joint Venture Degussa stärkt Position bei Agrochemikalien
aus Process Magazin für Chemie- und Pharmatechnik Nr. 09 vom 06.09.2005 Seite 018

(13) Hochleistungskunststoffe Degussa und Uni Jilin gründen JV
aus Process Magazin für Chemie- und Pharmatechnik Nr. 07-08 vom 03.08.2005 Seite 017

(14) Lanxess investiert in China
aus Frankfurter Allgemeine Zeitung, 12.07.2005, Nr. 159, S. 17

(15) Lanxess konzentriert Kräfte auf Wachstumsmarkt China Investitionen von 25 Mill. Euro
aus Börsen-Zeitung, 12.07.2005, Nummer 131, Seite 11

(16) Kurzmeldungen
aus Process Magazin für Chemie- und Pharmatechnik Nr. 09 vom 06.09.2005 Seite 018

(17) O.V., Akzo Nobel erweitert Lackaktivitäten in China, www.chemie.de, News, 21.09.2005
aus Process Magazin für Chemie- und Pharmatechnik Nr. 09 vom 06.09.2005 Seite 018

(18) Qiagen kauft chinesisches Biotech-Unternehmen
aus Frankfurter Allgemeine Zeitung, 27.09.2005, Nr. 225, S. 20

Impressum

Chemie - "Made in China" wächst rasant

Bibliografische Information der deutschen Nationalbibliothek

Die Deutsche Nationalbibliothek verzeichnet diese Publikation in der deutschen Nationalbibliografie; detaillierte bibliografische Daten sind im Internet über http://dnb.d-nb.de abrufbar.

ISBN: 978-3-7379-2212-8

© 2015 GBI-Genios Deutsche Wirtschaftsdatenbank GmbH, Freischützstraße 96, 81927 München, www.genios.de

Alle Rechte vorbehalten. Dieses Werk ist einschließlich aller seiner Teile – z.B. Texte, Tabellen und Grafiken - urheberrechtlich geschützt. Jede Verwertung außerhalb der Grenzen des Urheberrechtsgesetzes bedarf der vorherigen Zustimmung des Verlags. Dies gilt insbesondere auch für auszugsweise Nachdrucke, fotomechanische Vervielfältigungen (Fotokopie/Mikroskopie), Übersetzungen, Auswertungen durch Datenbanken oder ähnliche Einrichtungen und die Einspeicherung und Verarbeitung in elektronischen Systemen.